LE MARTYRE

DE

S. EUSTACHE.

TRAGEDIE

en Musique,

Representée devant SON ALTESSE

S.rs RENISSIME ELECTORALE

DE COLOGNE.

A LILLE,

Chez IG. FIEVET & L. DANEL, Imprimeurs du Roy.

M. DCC. VIII.

ARGUMENT.

 A memoire de **Saint Euſtache**, que l'on appelloit auſſi **Placide**, eſt depuis pluſieurs ſiécles également celebre dans l'Egliſe d'Occident, & dans celle d'Orient. Il nacquit Payen, & ſervit longtemps ſoûs **Veſpaſien** & ſoûs **Titus** dans la guerre contre les _Juifs_, & enſuite ſous l'Empereur **Trajan**, avec beaucoup de valeur & de diſtinction. Il étoit encore enſevely dans les tenebres du Paganiſme, lors qu'un jour, pourſuivant un Cerf à la Chaſſe, **JESUS-CHRIST** s'apparût à luy dans l'endroit le plus reculé d'une affreuſe Forêt; & luy ordonna d'embraſſer la Religion Chrétienne. **Placide**, ou St. Euſtache, pour obeïr à Dieu ſe fit alors Chrétien; & ſon exemple fut ſuivy par **Tatiane** ſa femme, & par ſes deux fils **Agapit** & **Theopiſte**. Quelque-temps aprés, ſe trouvant encore dans le même Bois où il avoit entendu la voix du Seigneur, Dieu, qui en vouloit faire un modéle de patience & d'humilité, luy prédit tout ce qu'il devoit ſouffrir pour la gloire & le St. Nom de JESUS-CHRIST. Cette prédiction ſe vérifia par la ſuite, car il perdit tout à la fois ſa Femme & ſes deux Fils, & tomba luy-même dans une ſi affreuſe neceſſité, qu'il fut obligé pour vivre de labourer la Terre, & de gagner ſon Pain à la ſueur de ſon viſage. Enfin pluſieurs Peuples revoltez ayant attaqué l'Empire avec des forces conſidérables, l'Empereur fit chercher **Saint Euſtache** dans ſa retraite, pour luy donner le commandement de ſon Armée.

L'obeïſſance qu'il devoit à ſon Souverain, & le zéle qu'il avoit pour ſa Patrie, le tirerent d'abord de cette Solitude; & il marcha contre eux avec une diligence incroyable. Aſſiſté du Dieu des Armées, qui le conduiſoit dans cette expedition, il les combatit avec tant de courage & de bonheur qu'il remporta sur eux une *Victoire* des plus complete. Mais à son retour à *Rome*, ayant constamment refusé, comme Chrétien, d'offrir de l'Encens aux faux - Dieux dans le Sacrifice qu'on y voulût faire, pour leur rendre graces de cette importante *Victoire*, l'Empereur *Adrien*, qui étoit encore dans la premiere année de son *Regne*, en fut si outré, que malgré les grands services qu'il luy avoit rendus, il le fit iuhumainement exposer aux bêtes farouches, qui moins cruelles que ce barbare *Empereur*, ou plutôt pour obeïr à la volonté de *Dieu*, n'oserent jamais approcher de son serviteur, & ne luy firent aucun mal.

Bien loin d'être adoucy par un effet si visible de la protection du *Seigneur*, & poussé par les mauvais conseils des Idolatres zélez pour leur fausse Religion, *Adrien* fit enfermer Saint *Eustache* dans un *Taureau* d'airain, où il ne laissa pas, au milieu des tourmens, de chanter les loüanges de *Dieu*, jusqu'à ce qu'enfin il tomba en victime, & reçût la Couronne du *Martyre* le 20. de Septembre. Depuis ce temps-là St. *Eustache* a toûjours été honnoré comme un des plus grands Saints ; & la pieté des *Fideles* a érigé à *Dieu* des *Eglises* celebres, soûs le nom de ce glorieux *Martyr*, tant à *Rome*, qu'à *Paris*, & en plusieurs autres lieux de la *Chrétienté*. C'est ce qu'en rapportent St. *Jean* de *Damas*, Metaphraste, Nicetas, Surius, le P. Combesis, & le P. Athanase Kircher ; & d'où l'on a tiré le sujet de cette *Tragedie*.

PERSONNAGES.

ADRIEN Empereur des Romains.
SAINT EUSTACHE, ou PLACIDE.
L'ANGE.
LE DEMON.
RUTILE confident de l'Empereur.
CHOEUR d'Esprits celestes.
CHOEUR & troupe de Prêtres des faux-Dieux.
CHOEUR & troupe de Soldats Romains.
GARDES.

LE MARTYRE
DE
S. EUSTACHE.
TRAGEDIE.

ACTE PREMIER.

Le Theatre represente un Bois.

SCENE I.

SAINT EUSTACHE.

Ombre Forêt, agréable Retraite,
Que vous avez de charmes pour mon
    cœur !
On goûte dans ces Bois l'agréable douceur
    D'une tranquilité parfaite :

Les Biens, la Gloire, & la Grandeur,
N'ont plus pour moy d'appas, ny rien que je regrete.
Sombre Forêt, agréable Retraite,
Que vous avez de charmes pour mon cœur !
Eloigné de l'orage,
Et des tristes écueils du monde & de la Cour,
Je ne crains point en ce séjour
Les perils trop frequens d'un funeste naufrage.
J'y vis tranquilement du travail de mes mains,
Sans songer à l'éclat de ma gloire passée ;
Et toûjours mon salut occupant ma pensée,
J'admire les bontez du Sauveur des humains.
De sa Divine voix la force & l'efficace
M'a fait voir l'imposture & l'erreur des Payens ;
Et par le secours de sa Grace,
M'a mis au nombre heureux des fideles Chrétiens.
C'est à ton seul appui que j'en suis redevable,
Ouy, Seigneur, mais il faut, pour aller jusqu'à tóy,
Que ta main secourable
Me conduise toûjours au sentier de ta loy.
Le Fils de Dieu, par un amour extrême,
A répandu son Sang pour le salut de tous.
Ah ! d'un saint zéle épris, Chrétiens, faisons de même,
Mourons pour JESUS-CHRIST, comme il est mort pour
nous.

SCENE II.

L'ANGE, LE DEMON, SAINT EUSTACHE.

LE DEMON.

Placide, que fais-tu ? qu'elle étrange manie

T'oblige à renoncer aux plaisirs de la vie,
Sur le frivole espoir d'un douteux avenir ?
    Rappelle en ta memoire
  Ton rang, ton honneur & ta gloire,
Et songe desormais à les mieux soûtenir.
  Il est honteux de suivre cette envie
  Pendant que Rome a besoin de ton bras.
  Et quand on est utile à sa Patrie,
  C'est la trahir, que ne la servir pas.

L' ANGE.

  Si l'on doit à sa Patrie
 On doit encor plus à son Dieu.
Pour luy, pour son saint Nom, en tout temps, en tout
 lieu,
Tout fidele Chrétien doit exposer sa vie.
  Les titres les plus éminens,
  Le rang, les honneurs, & la gloire,
  Ne sont pas des biens permanens,
  On en perd bientôt la memoire.
  Mais pour le bonheur des mortels,
  L'humble, qui met en Dieu sa gloire,
  Remporte une illustre victoire,
  Et des biens qui sont éternels.

S. EVSTACHE.

C'est aprés quoy mon cœur soupire,
Sans eux tout le reste n'est rien.
Que ne puis-je acheter ce bien
Au prix du plus cruel martyre ?

LE DEMON.

O Pere infortuné ! vois les maux infinis,
Et les tristes horreurs qui seront ton partage.
Tu verras tes malheureux fils,
Tous deux être en proye à la rage
Des loups carnassiers, des lions furieux,
Qui les raviront à tes yeux.
Tu ne feras, pour les reprendre,
Que d'impuissans efforts, que des cris superflus.
Ton bras ne pourra les défendre,
Malheureux, & tes yeux ne les reverront plus.

L'ANGE.

Celuy, qui par l'effet de sa Toute-puissance,
Des griffes des lions garantit Daniel,
Sçaura bien, s'il le faut, s'armer pour leur défense.
Le fidéle Chrétien doit avec confiance
En ces extremitez attendre tout du Ciel :
Sa bonté n'a jamais trahi son esperance.

LE DEMON.

Quelle source pour toy de soupirs & de pleurs !
Quelle mortelle jalousie,
Quand Tatiane un jour, cette épouse cherie,
Sera seule exposée aux brutales ardeurs
D'un Corsaire impie & barbare !
Il me semble la voir, cette beauté si rare,
Pleurer, prier, gemir, se plaindre vainement.
Que ne peut point la violence,

Et que

Et que n'ofe point un amant !
On fe défend mal-aifément
Contre l'amour & la puiffance.

L' A N G E.

Pour un objet fi cher, va, n'apprehende rien.
                  C'eft Dieu, c'eft Dieu luy-même.
            Qui pour le prix de fa conftance extrême,
Sera contre un tiran fa force & fon foutien.
            Dieu, pour confondre l'injuftice,
            Et conferver la pureté,
            Ne permet jamais que le vice
            Triomphe de la chafteté.
            Et protecteur de l'innocence,
            Il fait tomber en même temps
            Sur la vertu fa recompenfe,
            Sur le crime fes châtimens.

LE DEMON.

Mais toy-même, fremis à l'afpect redoutable
Des horribles tourmens qui te font deftinez :
Tu verras les Romains à ta perte obftinez,
            Pour affouvir leur courroux implacable ;
Et pour vanger leurs Dieux, excitant tes bourreaux,
Inventer contre toy des fupplices nouveaux.

L' A N G E.

            Une Eternité glorieufe
            Merite au moins quelques combats.
            Pour cette grace precieufe
Doit-on apprehender le plus affreux trépas ?
                                          B

Non, c'eſt le digne prix d'une Ame genereuſe :
Mais ſans peine l'on n'obtient pas
Une Eternité glorieuſe.

S. EVSTACHE.
Que les bourreaux, avides de mon ſang,
De mille coups me traverſent le flanc ;
Qu'ils épuiſent ſur moy leur rage criminelle,
J'obeïs à mon Dieu puiſque ſa voix m'appelle.

LE DEMON.
Sous l'horreur des tourmens ton cœur ſuccombera.

L'ANGE.
Soutenu par la Grace il en triomphera.

LE DEMON.
Sans appeller les vens, jouis en paix du calme.

L'ANGE.
En combatant pour Dieu va meriter la palme.

LE DEMON.
A quoy que ton grand cœur puiſſe être diſpoſé,
D'une honteuſe mort crains l'infamie encore.

L'ANGE.
Ce n'eſt pas le ſupplice où l'on eſt expoſé,
Mais le crime qui deshonore.

L'ANGE & le DEMON.
Reſiſte à l'apas ſuborneur

D'un ennemy secret qui cherche à te détruire :
Suis le penchant que je t'inspire ,
Pour ta gloire , & pour ton bonheur.

S. *EVSTACHE* à l'*Ange.*

Je m'abandonne à l'ardeur qui m'enflame
Et fais de mon salut mon unique souci.
Au Demon.

Toy, qui voudrois me perdre , & seduire mon Ame,
Noir esprit du mensonge , éloigne toy d'icy.

LE DEMON.

Non , non , ton erreur est extrême ,
En vain tu me veux écarter :
Malgré toy , malgré le Ciel même ,
Je te suivray par tout pour te persecuter.

SCENE III.

L'ANGE, S. EUSTACHE, ~~LE DEMON~~, RUTILE,
CHOEUR & *Troupe de Soldats Romains.*

RVTILE.

Cesar par ma voix vous fais dire
Qu'il remet en vos mains ses fieres Legions ,
Pour marcher à l'instant contre les Nations ,
Dont l'orgueil temeraire ose attaquer l'Empire.
Il est seur de vôtre valeur ,
Il est seur de vôtre prudence ,
Combatez , revenez vainqueur ,
Et soyez seur de sa reconnoissance.

Courez moiſſonner les lauriers
Que vous prepare la Victoire.

CHOEUR de Soldats Romains.
Courez moiſſonner les lauriers
Que vous prepare la Victoire.

RUTILE.
Allez par vos travaux guerriers
Vous faire un ſort brillant de gloire.

LE CHOEUR.
Allez par vos travaux guerriers
Vous faire un ſort brillant de gloire.

S. EUSTACHE.
Helas ! en ce ſejour heureux
Je goûtois une paix profonde.
Quoy ! faut - il retourner au monde,
Où ſont pour la vertu tant d'écueils dangereux ?

L'ANGE.
Vôtre devoir ainſi l'ordonne,
Placide, allez, ne tardez pas.
Peut - être qu'aprés ces combats
Vous obtiendrez du Ciel la palme & la Couronne.

LE CHOEUR.
Courez moiſſonner les lauriers
Que vous prepare la Victoire.
Allez par vos travaux guerriers
Vous faire un ſort brillant de gloire.

Fin du premier Acte.

ACTE DEUXIÉME.

Le Theatre represente le Palais d'Adrien.

SCENE I.

ADRIEN, RUTILE, GARDES.

RUTILE.

J'Ay vû partir ce Heros intrepide.
Jamais tant de fierté n'éclata dans ses yeux,
  Et le grand cœur de l'Illustre Placide
  Va nous vanger de ces audacieux.
Le bruit de ses exploits & de sa renommée
Seme chez l'ennemy la crainte & la terreur,
   Tandis qu'au contraire l'Armée,
   Qui suit ses pas avec ardeur,
Paroît, par sa presence, encor plus animée.

ADRIEN.

  Ce n'est pas toûjours la valeur,
  Qui fait declarer la victoire.
  Il ne faut qu'un jour de malheur,
  Pour ternir un siecle de gloire.
  La guerre a ses heureux momens,
Mais avec tout l'éclat de la vertu Romaine,
   Et toute la prudence humaine,

Nul n'est seur des évenemens.
Qui l'eût crû que Varus ce guerrier redoutable,
Qui dompta tant de fois les superbes Germains,
Par un retour affreux du sort impitoyable,
Dût succomber un jour sous leurs vaillantes mains ?
Ses Legions & luy servirent de victimes
A leur implacable fureur.
Quelle surprise ! quelle horreur !
Et quel sujet de craintes legitimes
Fût - ce, grands Dieux, pour l'Empereur !
A peine suis - je assis au Trône de l'Empire,
Qu'un monde d'ennemis s'éleve contre moy.
On m'attaque au dehors, au dedans l'on conspire,
N'en est - ce point assez pour prendre un peu d'effroy ?

RVTILE.
Les Dieux à nos vœux favorables,
Prendront vôtre défense, & combatront pour nous.

ADRIEN.
Depuis long - temps ils sont inexorables,
Et n'ont pour moy que haine & que courroux.
Ce n'est pas toûjours sur le Trône,
Où regne la felicité.
L'éclat trompeur d'une couronne
Peut bien flater la vanité :
Mais jamais cet honneur ne donne
Une heureuse tranquilité.
Ce n'est pas toûjours sur le Trône,
Où regne la felicité.
De nos Dieux irritezfléchissons la colere,

Pourſuivons les Chrétiens, ils ſont leurs ennemis :
Pour les vanger, & pour nous ſatisfaire,
Déployons le pouvoir que ces Dieux m'ont commis.
A nos Autels immolons ces victimes,
Sans épargner âge, ſexe, ny rang ;
Sans diſtinguer les vertus & les crimes,
Faiſons couler par tout des ruiſſeaux de leur ſang.
Soit haine, ſoit juſtice,
Armons contre leurs jours les bourreaux furieux.
Rien ne peut les ſouſtraire aux rigueurs du ſupplice,
J'en jure tous les Dieux.

LE CHOEUR ſans être vû.
Victoire ! victoire ! victoire !

ADRIEN.
Qu'entens-je, ô Ciel ! le puis-je croire !
Les Ennemis ſont-ils vaincus ?

LE CHOEUR.
Victoire ! victoire ! victoire !

ADRIEN.
Ah ! Placide triomphe, & je n'en doute plus.

LE CHOEUR.
Victoire ! victoire ! victoire !

ADRIEN & RUTILE.
Ah quel bonheur ! ah quelle gloire !
Victoire ! victoire ! victoire !

LE CHOEUR.
Victoire! victoire! victoire!

SCENE II.

ADRIEN, S. EUSTACHE, RUTILE, CHOEUR
& Troupe de Soldats Romains, **GARDES.**

ADRIEN.
Approche, genereux Vainqueur,
Toy, qu'icy tout le monde admire;
A ta prudence, à ton grand cœur,
Rome doit aujourd'huy le salut de l'Empire.

S. EVSTACHE.
Seigneur, mes vœux sont exaucez;
Et le Ciel aux Romains accorde la victoire.
C'est à luy seul qu'on doit la gloire
De voir les Ennemis détruits & renversez.
C'est toûjours un orgueil extrême,
D'oser s'attribuer la gloire du succés.
Et que peut l'homme par soy-même,
Si le Ciel plus puissant ne soutient ses projets?

CHOEUR *de Soldats Romains.*
Vive Adrien, vive Placide!
Qu'ils soient toûjours victorieux!
Que la gloire toûjours les guide!
Qu'ils soient par tout favorisez des Dieux!

ADRIEN.
Il faut par d'humbles Sacrifices

Nous

Nous rendre tous les Dieux propices.
Pour honorer les immortels,
Immolons - leur d'innocentes victimes :
Ce font des tributs legitimes,
Que nous devons à leurs facrez Autels.

S. EUSTACHE.

Deformais inutile au bien de vôtre Empire,
A qui mon bras eft d'un foible fecours,
Souffrez qu'en mon Defert, Seigneur, je me retire,
Pour y paffer en paix le refte de mes jours.
J'ay rempli mon devoir, & fervi ma Patrie :
Mais dans ce tranquille fejour,
Où mon cœur fatisfait ne connoît point l'envie,
Je veux me fervir à mon tour.
Charmans Deferts, aimable Solitude,
Vous faites mes plus chers defirs.
Sans crainte & fans inquietude,
J'y trouve mille attraits & d'innocens plaifirs.
Charmans Deferts, aimable Solitude,
Vous faites mes plus chers defirs.

ADRIEN.

Arrête encor, Placide, & jouis de ta gloire.
Ton Empereur va de fes propres mains
Te donner aux yeux des Romains
Le prix qu'a merité ton illuftre victoire.
Mais, avant tout, les immortels
Veulent de nous un prompt hommage.
Allons leur rendre, au pied de leurs Autels,

Ce qu'exige en ce jour un ſi grand avantage.
Pour ſatisfaire à ces devoirs preſſans,
Viens au Temple avec moy leur offrir de l'encens.

S. EVSTACHE.

Ouy, Seigneur, j'obeïs. C'eſt dans ce Temple même,
Que je ſuivray les loix d'un ſuprême pouvoir ;
Et d'une ardeur extrême
Placide y fera ſon devoir.

LE CHOEVR.

Vive Adrien, vive Placide !
Qu'ils ſoient toûjours victorieux !
Que la gloire toûjours les guide !
Qu'ils ſoient par tout favoriſez des Dieux.

Fin du deuxiéme Acte.

ACTE TROISIÉME.

Le Theatre represente un Temple.

SCENE I.

S. EUSTACHE *seul.*

Qui t'amene en ce lieu, temeraire Placide ?
Eſt - ce crainte, ou mépris ? eſt-ce zéle, ou fierté ?
  Ton cœur s'eſt - il bien conſulté ?
  N'y ſens - tu rien de lâche & de timide ?
Aux plus affreux tourmens tu vas te preſenter.
La mort ſuivra de prés ton zéle & ton audace.
Mais c'eſt Dieu qui l'ordonne, il faut l'executer,
Et mettre ton eſpoir & ta force en ſa grace.
  Va, ſans enviſager la mort,
Aujourd'huy pour Chrétien te faire mieux connoître ;
  Et par un genereux tranſport
Détruire ces faux Dieux que la crainte a fait naître.
Au lieu de leur offrir la victime & l'encens
Suivons le noble effort où le Ciel nous convie.
Abbattons, renverſons ces objets impuiſſans
D'un culte abominable, & de l'Idolâtrie.
  Epris d'une ſainte fureur,
  Soutenons du vray Dieu la gloire.
  Allons remporter la victoire
  Sur le menſonge & ſur l'erreur.

*S. Eustace entre plus avant dans le Temple, & brise les
Autels & les Statuës des Dieux.*

C H OE U R *des Sacrificateurs.*

Ah quelle fureur ! quelle rage !
O juftes Dieux, protegez - nous.
La foudre en main puniffez cet outrage,
Sur ce malheureux vangez - vous.

SCENE II.

S. EUSTACHE, RUTILE, CHOEUR *& Troupe de Sacrificateurs.*

R U T I L E.

Quel objet étonnant fe prefente à ma vûë !
Je voy de toutes parts les Prêtres difperfez,
Nos Dieux détruits, nos Autels renverfez.
De ce trouble fatal qui n'auroit l'ame émûë ?
Quel criminel impie, au mépris de la loy,
D'une main facrilege a pû faire . . . . .

S. E U S T A C H E.

C'eft moy.
C'eft moy, Rutile ; il n'eft plus temps de feindre,
C'eft trop diffimuler, & c'eft trop fe contraindre :
J'efpere tout du Ciel, il fera mon foutien.
Au mépris de vos Dieux, que dés long-temps j'abhorre,
Je n'en reconnois qu'un, feul digne qu'on l'adore,
Par qui j'ay le bonheur d'être aujourd'huy Chrétien.

RUTILE.

Quoy ! le Dieu des Chrétiens eſt le Dieu de Placide ?
Et pour ſuivre l'horreur de leur culte odieux,
De tous côtez également perfide,
Tu braves juſqu'icy l'Empereur & nos Dieux ?
N'attire point ſur toy les traits de leur vangeance ;
Redoute leur pouvoir, & crains leurs châtimens :
Ils s'apprêtent d'intelligence
A te livrer aux plus cruels tourmens.
Un grand cœur jamais ne s'étonne
Des perils d'un prochain trépas,
Que par tout la gloire environne,
Et qu'on cherche dans les combats.
Mais l'Ame la plus genereuſe
Tremble à l'approche de la mort,
Quand par la cruauté du ſort
Cette fin eſt triſte & honteuſe.

S. *EUSTACHE.*

Un Chrétien jamais ne s'étonne
Des horreurs d'un affreux trépas,
Qui luy prepare la Couronne,
Que Dieu promet à ſes combats.
D'une Ame grande & genereuſe,
Il s'offre à la rigueur du ſort,
Quand il eſpere par ſa mort
Une Eternité bienheureuſe.
Ouy, pour un prix ſi glorieux
Je mépriſe à la fois l'Empereur & vos Dieux.

CHOEUR des Sacrificateurs.

Ah , quelle fureur ! quelle rage !
O Juſtes Dieux , protegez - nous.
La foudre en main puniſſez cet outrage ,
Sur ce malheureux vangez - vous.

SCENE III.

ADRIEN, S. EUSTACHE, RUTILE, CHOEUR
& Troupe de Sacrificateurs , **GARDES.**

ADRIEN.

Temeraire Placide ,
Oſes - tu juſques - là mépriſer mon pouvoir ?
Quelle aveugle fureur te guide ?
Rentre , ſans differer , rentre dans ton devoir.
Par un prompt repentir viens effacer ton crime ,
N'abuſe point de mes bontez ,
Si tu ne veux ſervir toy - même de victime ,
Pour appaiſer les Dieux juſtement irritez.

S. EUSTACHE.

Seigneur , je ſuis Chrétien , & fais gloire de l'être :
J'aſpire aux yeux de tous à le faire connoître ;
Et le Dieu que je ſers ,
Maître abſolu de l'Univers ,
M'inſpire cette noble audace.
Si pour le confeſſer je dois voir vos bourreaux
M'expoſer , par vôtre ordre , à des tourmens nouveaux ,
J'en recevray la mort comme un coup de ſa grace.

ADRIEN.

Quoy ! l'exemple pernicieux,
Et des Chrétiens la fecte impie,
Ont affez d'appas à tes yeux
Pour vouloir t'y foumettre aux dépens de ta vie ?

S. EVSTACHE.

Pour nous la vie eft - elle un bien
Affez charmant, affez durable,
Pour devoir être preferable
Au fuprême bonheur qu'efpere tout Chrétien ?
Non, non, pour la Gloire éternelle
Il faut quitter & biens & rang ;
Et cette Couronne immortelle
Vaut affez qu'on l'achete au prix de tout fon fang.

ADRIEN.

Tu feras fatisfait, Gardes, qu'on le faififfe.
Qu'on le livre aux bourreaux armez pour fon fupplice.
Qu'il meure . . . . toutefois un refte de bonté
Veut bien encor, malgré ton arrogance,
Et malgré ton impieté,
De nos Dieux en courroux fufpendre la vangeance.
Pour appaifer ces immortels,
Et me faire oublier ton crime & ton audace,
Viens, perfide, au pied des Autels,
Leur offrir de l'encens, & meriter ma grace.

S. EVSTACHE.

Plûtôt de mille coups percez mon trifte fein,

Par mille affreux tourmens qu'on m'arrache la vie,
En faveur de vos Dieux vous me preſſez en vain,
Rien ne peut m'obliger à ſuivre cette envie.
Pour me faire obtenir l'heureuſe Eternité,
De mes jours à vos Dieux faites un ſacrifice.
　　　　　Plus vous hâterez mon ſupplice,
Plus vous avancerez par cette cruauté
　　　　L'inſtant de ma felicité.

ADRIEN.

Non, plus de pitié pour l'Impie,
　　Qu'il meure au milieu des tourmens:
Que la flame & le fer s'arment contre ſa vie,
Pour ſon crime il n'eſt point d'aſſez grands châtimens.

SCENE IV.

L'ANGE, ADRIEN, S. EUSTACHE, RUTILE,
CHOEUR *d'Eſprits Celeſtes*, CHOEUR *& Troupe*
de Sacrificateurs, GARDES.

　　L'ANGE ſans être vû que de S. Euſtache.
Va combatre ſans crainte, Athlete magnanime,
Et tu triompheras des ruſes de l'enfer.
　　　　Un Chrétien, que la grace anime,
Surmonte les horreurs de la flame & du fer.
　　　　Tu vas remporter la victoire,
　　　　Que Dieu promet à ton grand cœur.
　　　　En ſortant du combat vainqueur
Tu recevras au Ciel la Couronne de gloire.

S. EVSTACHE en entrant dans le Taureau d'airain.
　　Que le nom de Dieu ſoit chanté

Au

Au Ciel, & fur la terre, en toute éternité.
Les peines icy bas ne font que paffageres,
　　　Quand on fouffre pour la verité.
De ce Dieu de clemence admirons la bonté,
　　　Qui pour des peines fi legeres,
Nous promet tant de gloire & de felicité.
　　　Que le nom de Dieu foit chanté
Au Ciel, & fur la terre, en toute éternité.

ADRIEN.

　　　Que tous ceux de fa fecte impie
Finiffent, comme luy, leur criminelle vie.
Periffent mille fois les Chrétiens odieux,
Ils font les ennemis de l'Empire & des Dieux.

LE CHOEUR.

Periffent mille fois les Chrétiens odieux,
Ils font les ennemis de l'Empire & des Dieux.

L'ANGE.

Viens recevoir de Dieu la jufte recompenfe,
Que ton grand cœur, Placide, a fi bien merité :
C'eft le prix glorieux de ta perfeverance.
　　　Que le nom de Dieu foit chanté
Au Ciel, & fur la terre, en toute éternité.

*CHOEUR des Efprits Celeftes, qui reçoivent l'Ame
de S. Euftache.*
　　　Que le nom de Dieu foit chanté
Au Ciel, & fur la terre, en toute éternité.

Fin du troifiéme & dernier Acte.

D